мактаб - a skoro	2
саёҳат - a koiri	5
нақлиёт - a transport	8
шаҳр - a foto	10
ландшафт - a landschap	14
тарабхона - a restaurant	17
супермаркет - a wenkri	20
нӯшокиҳои - a dringi	22
таъом - a nyan	23
ферма - a burugron	27
хона - a oso	31
меҳмонхона - a foroisi	33
ошхона - a botrali	35
ҳамом - a was oso	38
ҳучраи кӯдакона - a pikin kamra	42
либос - a krosi	44
идора - a kantoro	49
иқтисодиёт - a ekonomia	51
касбҳо - den kari	53
асбобҳо - a wrokosani	56
асбобҳои мусиқӣ - den poku sani	57
боғи ҳайвонот - a meti dyari	59
варзиш - a sport	62
фаъолият - den aktifiteit	63
оила - a famiri	67
бадан - a skin	68
бемористон - a ati oso	72
ҳолати фавқулодда - a nowtu	76
замин - a grontapu	77
вақт - oloisi	79
ҳафта - a wiki	80
сол - a yari	81
баст - den form	83
рангҳо - kloru	84
мухолифат - difrenti	85
ададҳо - den nomru	88
забонҳо - den tongo	90
ки / чиро / тавр - suma / sang / fa	91
дар кучо - pe	92

Impressum
Verlag: BABADADA GmbH, Nedderfeld 112 , 22529 Hamburg
Geschäftsführer / Verlagsleitung: Harald Hof
Druck: Books on Demand GmbH, In de Tarpen 42, 22848 Norderstedt

Imprint
Publisher: BABADADA GmbH, Nedderfeld 112 , 22529 Hamburg, Germany
Managing Director / Publishing direction: Harald Hof
Print: Books on Demand GmbH, In de Tarpen 42, 22848 Norderstedt

мактаб
a skoro

- тақсим кардан — prati
- тахтаи синф — a bord
- синф — a klas
- саҳни мактаб — a skoro dyari
- муаллим — a leriman
- коғаз — a papira
- навиштан — skrifi
- ручка — a pen
- мизи хатнависӣ — a tafra
- ҷадвал — a lati
- китоб — a buku
- талаба — a studenti

ҷузвдон
a skorotas

қаламдон
a kisi

қалам
a skriftiki

қаламтезкунак
a srapu

хаткуркунак
a sisibi

блокноти расмкашӣ
a prenki buku

расм
a prenki

мӯқалами рассомӣ
a kwasi

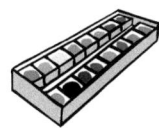

қуттии рангҳо
a ferfidosu

қайчӣ
a sisei

ширеш
a gomma

дафтари машқ
a skrifbuku

вазифаи хонагӣ
a skorowroko

рақам
a nomru

ҷамъ кардан
teri

кам кардан
koti

зарб задан
vermenigvuldig

ҳисоб кардан
teri

ҳарф
a brifi

алфавит
a alfabet

калима
a wortu

матн

a wortu

хондан

lesi

бӯр

a kreiti

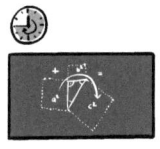

дарс

a yuru

журнали синфӣ

a klasbuku

имтиҳон

a examen

шаҳодатнома

a skoropapira

либоси мактабӣ

a sem skoro krosi

таҳсил/маориф

a skoro

энсиклопедия

a encyklopedie

донишгоҳ

a unifersiteit

микроскоп (more frequently used)

a mikroskoop

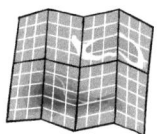

харита

a karta

сабади партофҳои коғазӣ

a doti embre

мактаб - a skoro

саёҳат
a koiri

меҳмонхона
a hotel

хобгоҳ
a hostel

нуқтаи мубодилаи асъор
a kenki kantoro

чамадон
a kofru

мошин
a wagi

забон
a tongo

ҳа / не
ai / no

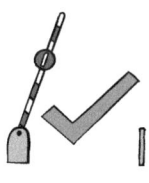

Хуб
afen

Ассалому алейкум
Ei!

тарҷумон
a torku

Раҳмат
Grantangi

саёҳат - a koiri

чӣ қадар аст ...?
O meni...?

Ман намефаҳмам
Mi ne ferstan

проблема
a problema

шаб ба хайр!
Kuneti!

субҳ ба хайр
Morgu!

шаби хуш
Kuneti!

хайр
Adyosi!

равона
a beni

бағоҷ
a bagasi

ҷузвдон
a tas

борхалта
a tas

меҳмон
a fisiti

хона
a kamra

хобхалта
a sribi saka

хайма
a tenti

саёҳат - a koiri

маълумоти сайёҳӣ

a reiskantoro

соҳил

a sekanti

корти кредитӣ

a kreditkarta

наҳорӣ

a mamanten nyanyan

хӯроки пешин

nyanyan

хӯроки шом

a nyanyan

чипта

a karta

лифт

a lift

марка

a stampu

сарҳад

a lanki

Гумрук

a douane

сафорат

a ambassade

раводид

a fisa

шиноснома

a pasportu

саёҳат - a koiri

нақлиёт
a transport

тайёра
a isrifowru

кишти
a boto

мошини сӯхторхомӯшкунӣ
a brandweerwagi

мошини боркаш
a wagi

автобус
a bus

қаиқи моторӣ
a motro boto

мошин
a wagi

дучарха
a baisigri

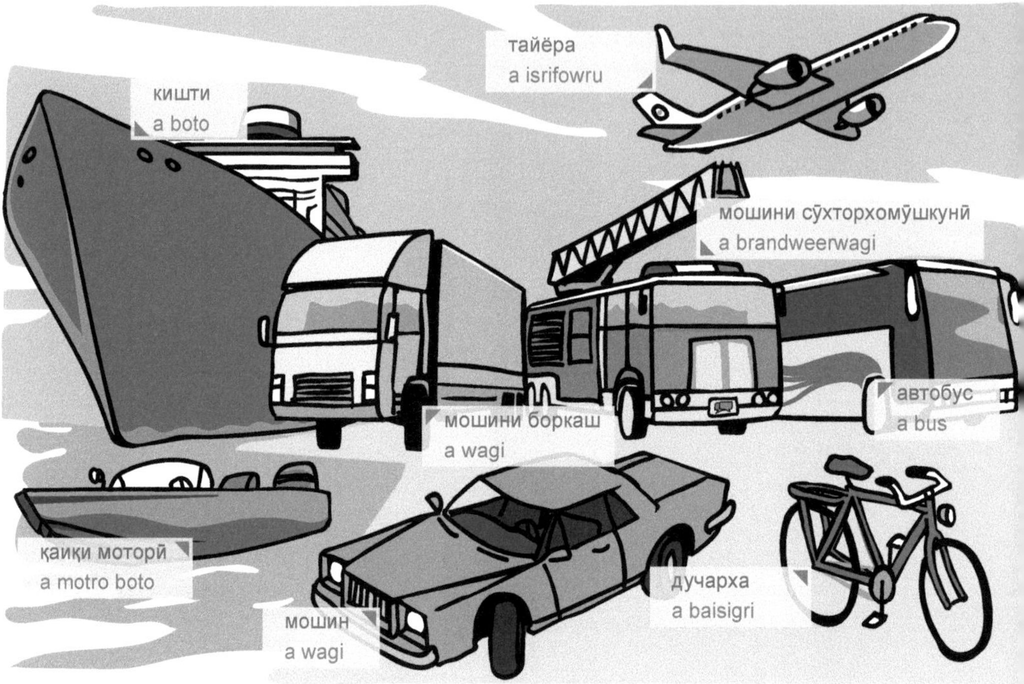

паром
a pondo

қаиқ
a boto

мотосикл
a motro

мошини полис
a skowtu wagi

мошини тезрави пойгаи
a streilon wagi

кирояи мошинҳо
a yuru wagi

8   нақлиёт - a transport

ҳамроҳ истифодабарии мошин
a wagi prati

эвакуатор
a takelwagi

павтовҷамъкунӣ
a doti wagi

муҳаррик
a motro

сӯзишворӣ
a oli

нуқтаи фурӯши сӯзишворӣ
a oli pompu

аломати роҳ
a ferkeermarki

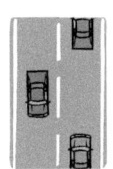

ҳаракат
a ferkeer

бандшавии ҳаракати роҳ
a reylo

ҷои исти мошинҳо
a parkeerpresi

истгоҳи роҳи оҳан
a lokopresi

роҳи оҳан
den rail

қатора
a loko

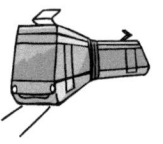

тамвай
a loko

вагон
a wagi

нақлиёт - a transport

чархбол
a helikopter

фурудгоҳ
a opolangi

манора
a fortresi

мусофир
a pasasir

контейнер
a kontainer

қутии картонӣ
a doso

ароба
a wagi

сабад
a baskita

гирифтан / замин
opo go / saka

шаҳр
a foto

деҳа
a dorpu

маркази шаҳр
a fotosei

хона
a oso

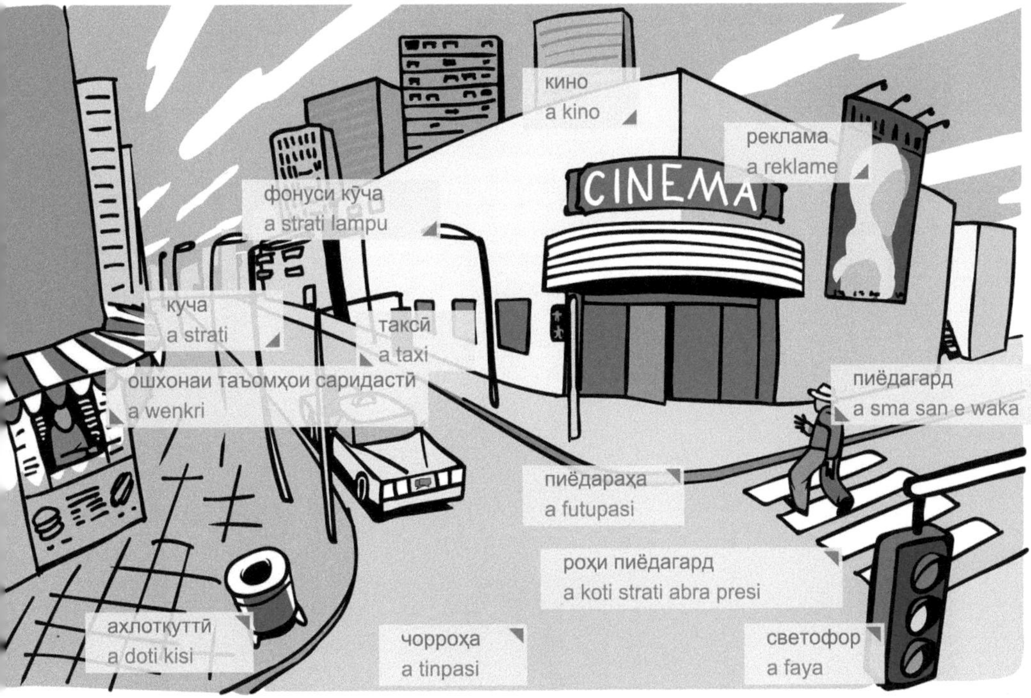

кино
a kino

реклама
a reklame

фонуси кӯча
a strati lampu

кӯча
a strati

такси
a taxi

ошхонаи таъомҳои саридастӣ
a wenkri

пиёдагард
a sma san e waka

пиёдараҳа
a futupasi

роҳи пиёдагард
a koti strati abra presi

ахлотқуттӣ
a doti kisi

чорроҳа
a tinpasi

светофор
a faya

кулба
a kampu

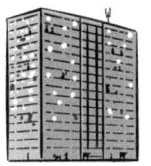

ҳамвор
a oso

истгоҳи роҳи оҳан
a lokopresi

бинои маъмурияти шаҳр
a foto oso

осорхона
a museum

мактаб
a skoro

шаҳр - a foto

донишгоҳ
a unifersiteit

бонк
a bangi

бемористон
a ati oso

меҳмонхона
a hotel

доухона
a apteiki

идора
a kantoro

сехи китоб
a buku winkri

сехи
a wenkri

мағозаи гулфурӯшӣ
a bromki winkri

супермаркет
a wenkri

бозор
a wowoyo

универмаг
a wowoyo

мағозаи моҳифурӯшӣ
a fisi seri man

маркази савдо
a bigi wenkri

бандар
a lanpresi

шаҳр - a foto

парк
a park

бонк
a bangi

пул
a broki

зинапоя
a trapu

метро
a fatyawagi

нақби
a ondrogron-strati

истгоҳи автобус
a bushalte

бар
a bar

тарабхона
a restaurant

қуттии почта
a brifibus

аломати номи кӯчаҳо
a strati nen marki

ҳисобкунаки исти мошинҳо
a parkeer marki

боғи ҳайвонот
a meti dyari

ҳавзи шиноварӣ
a swen presi

масҷид
a gado-oso

шаҳр - a foto

ферма
a burugron

ифлоскунӣ
a doti sani

қабристон
a berpe

калисо
a kerki

майдончаи бозӣ
a prei presi

маъбад
a gado-oso

ландшафт
a landschap

барг — a wiwiri
аломати роҳнамо — a pasi marki
роҳ — a pasi
алафзор — a wei
санг — a ston
дарахт — a bon
сайёҳ — a koiri sma
дарё — a libi
алаф — a grasi
гул — a bromki

водӣ
a lagi presi

кӯҳ
a lebriki

кул
a fisi-olo

беша
a busi

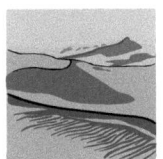

биёбон
a dreisabana

вулкан
a bergi

қалъа
a ridder-oso

рангинкамон
a alenbo

занбӯруғ
a todoprasoro

дарати нахл
a palmbon

хомӯшак
a maskita

паридан
a freifrei

мурча
a mira

занбур
a waswasi

тортанак
a anansi

ландшафт - a landschap

гамбӯсак

a asege

қурбоққа

a todo

санҷоб

a bonboni

хорпушт

a agidya

харгӯш

a kon koni

бум

a owru kuku

парранда

a fowru

мурғи қу

a gansi

хуки ваҳшӣ

a werder agu

оҳу

a dia

гавазн

a dia

сарбанд

a dan

турбина шамол

a winti miri

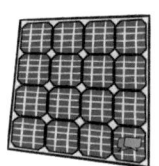

панел офтобӣ

a son planga

иқлим

a weer

16   ландшафт - a landschap

тарабхона
a restaurant

- пешхизмат / a diniman
- меню / a nyankarta
- курсӣ / a sturu
- шӯрбо / a supu
- Pizza / a pissa
- асбобу анҷоми хӯрокхӯрӣ / nefi nanga forku
- дастархон / tafra duku

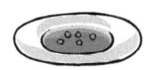

стартер/корандоз
a fesi nyanyan

хӯроки асосӣ
a moro prenspari sortu nyan

десерт
a switi sani

нӯшокиҳои
a dringi

таъом
a nyan

шиша
a batra

Хӯроки Тез Таёр мешуда

a fastfood

хӯроки кӯчагӣ

strati nyanyan

чойник

a tépatu

шакардон

sukru patu

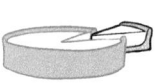

қисм/порча

a krab'patu

мошини espresso

a espressomasyin

курсии кӯдакона

a pikin sturu

ҳисоб

a borgu

зарфмонак

a brakri

корд

a nefi

чангол

a forku

қошуқ

a spun

қошуқча

a téspun

сачоқи қоғазӣ

a servet

истакон

a grasi

тарабхона - a restaurant

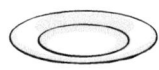

табақча
a preti

косача
a supu preti

тақсимча
a skotriki

соус
a sowsu

намакдон
a sowtupatu

мурчдон
a pepre miri

сирко
a asin

равғани растанӣ
a oli

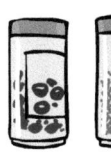

приправа
den specerij

кетчуп
a ketchup

хардал
a mosterd

майонез
a mayonaise

тарабхона - a restaurant

супермаркет
a wenkri

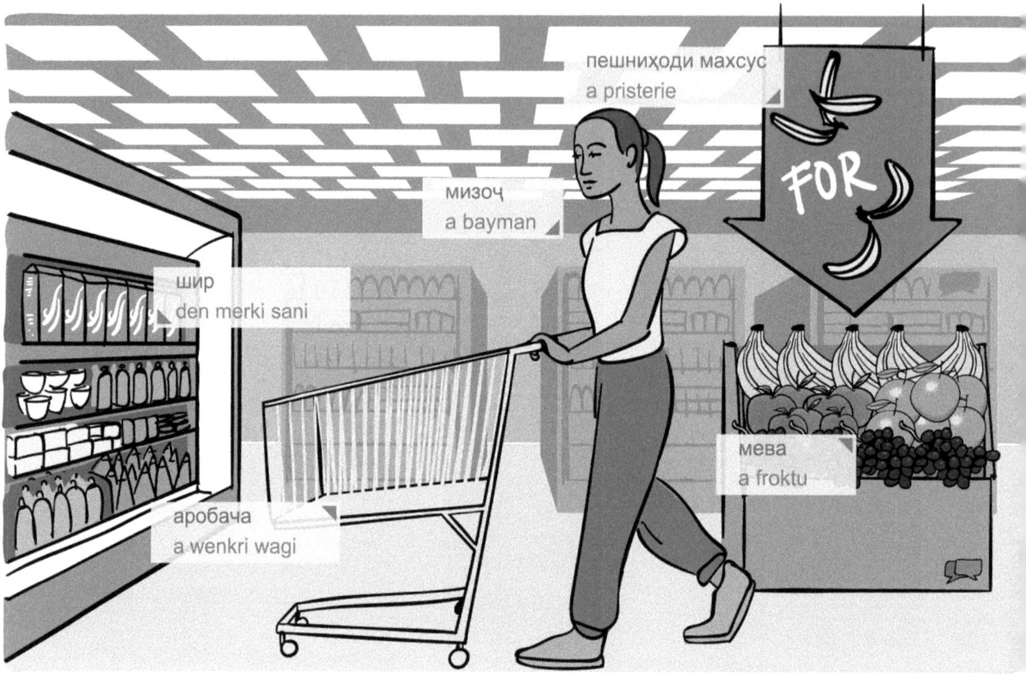

пешниҳоди махсус
a pristerie
FOR
мизоҷ
a bayman
шир
den merki sani
мева
a froktu
аробача
a wenkri wagi

BUTCHERS

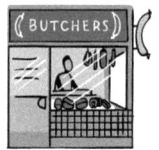

дукони гӯштфурӯшӣ

a srakti-oso

BAKERY

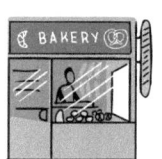

дукони нонфурӯшӣ

a bakri-oso

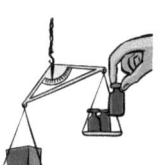

баркашидан

wegi

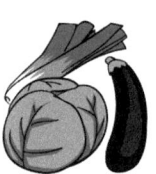

сабзавот

a gruntu

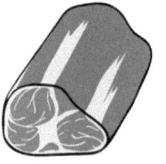

гӯшт

a meti

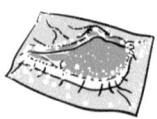

хӯроки яхбаста

den ijskasi sani

гилимҳои борик буридаи гушт
a kowru meti

озуқаворӣ консервонидашуда
a blik nyan

хокаи либосшӯй
a wasi sani

ширинӣ
a switi sani

асбоби рӯзгор
den oso sani

воситаҳои тозакунанда
a sani fu krin

фурӯшанда
a seri sma

касса
a kas

кассир
a kasman

рӯихати харидкунӣ
a bai marki

соат ифтитоҳи
den opo yuru

ҳамён
a portmoni

корти кредитӣ
a kreditkarta

ҷуздо
a tas

пакет
a plastik saka

супермаркет - a wenkri

нӯшокиҳои
a dringi

об
a watra

шарбат
a sap

шир
a merki

кола
a kola

шароб
a win

оби ҷав
a biri

машрубот
a sopi

какао
a skrati

чой
a té

қаҳва
a kofi

эспрессо
a espresso

каппучино
a kappuccino

таъом
a nyan

банан
a bakba

себ
a apra

норанҷӣ
a apresina

харбуза
a watramun

лимӯ
a sitrun

сабзӣ
a rutu

сир
a konofroku

бамбук
a bambu

пиёз
a aiun

занбӯруғ
den todoprasoro

чормағз
den noto

угро
a pasta

спагеттӣ	биринҷ	салат
a spaghetti	a alesi	a salade

картошкаи қоқак	картошкабирён	Pizza
a patata	den baka patata	a pissa

гамбургер	бутербурод	шнитсел
a burger	a brede	a schnitsel

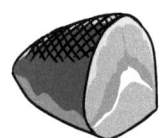  

гӯшти намакардаи хук	ҳасиби салямӣ	ҳасиб
a ameti	a salami	a worst

мурғ	кабоб	моҳӣ
a kafowru	a bakadina	a fisi

ярмаи ҷав

a hafermout

омехтаи ғалладонагӣ

a muesli

ярмаи ҷувоеимакка

den karuflakes

орд

a blon

кулчақанд

a croissant

кулчақанд

den brede

нон

a brede

як порча нони бирён

a baka brede

кулчачаҳои қандин

a buskutu

маска

a botro

творог

a kwark

пирог

a kuku

тухм

a eksi

тухм бирён

a baka eksi

панир

a kasi

таъом - a nyan

яхмос

a ice-cream

шакар

a sukru

асал

a oni

мураббо

a jam

хамираи ҳалво

a sukruskrati pasta

Curry

a kerrie

ферма
a burugron

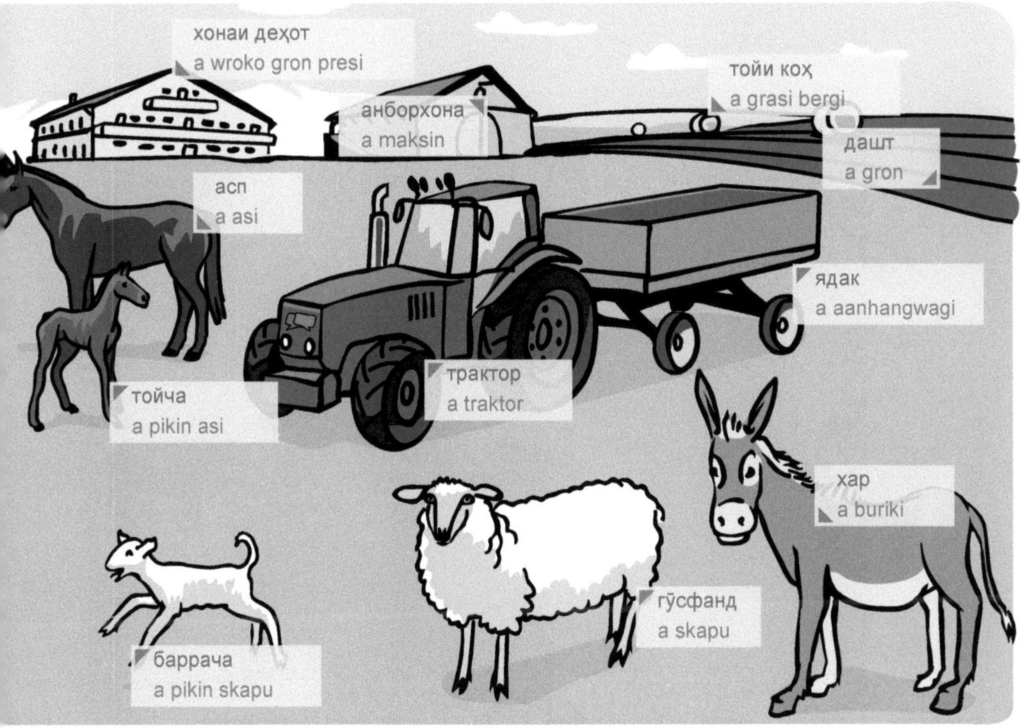

хонаи деҳот — a wroko gron presi
анборхона — a maksin
тойи коҳ — a grasi bergi
дашт — a gron
асп — a asi
ядак — a aanhangwagi
тойча — a pikin asi
трактор — a traktor
хар — a buriki
баррача — a pikin skapu
гӯсфанд — a skapu

буз
a krabita

гов
a kaw

гӯсола
a pikin kaw

хук
a agu

хукча
a pikin agu

буққа
a burkaw

қоз
a gansi

мурғобӣ
a doksi

чӯҷа
a pikin fowru

мурғ
a fowru

хурӯс
a kakafowru

каламуш
a alata

гурба
a puspusi

муш
a moismoisi

барзагов
a burkaw

саг
a dagu

хоначаи саг
a dagu pen

рӯдаи резинӣ
a tuinslang

камобӣ метавонад
a watra kan

дос
a nefi

сипори шудгоркунии замин
a pluga

ферма - a burugron

доси

a babun-nefi

каланд

a tyapu

панҷшоха

a forku

табар

a beyri

ароба

a kroiwagi

охур

a baki

зарфи ширгирӣ

a merki kan

халта

a saka

девор

a skotu

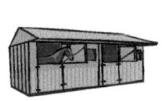

мӯътадил

a pen

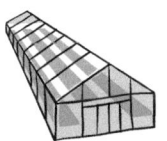

гармхона

a grun kasi

хок

a gron

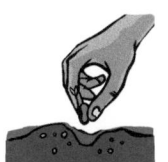

тухмӣ

a siri

нуриҳо

a doti

комбайни ғаллағундорӣ

a maaidorser

ферма - a burugron

ҳосил
koti

ҳосил
a nyanyan

yams
a yami

гандум
a aleisi

лубиж
a soja

картошка
a patata

ҷуворӣ
a karu

донаи маъсар
a koro siri

дарахти мева
a froktu bon

manioc
a kasaba

ғалладона
den siri

ферма - a burugron

хона
a oso

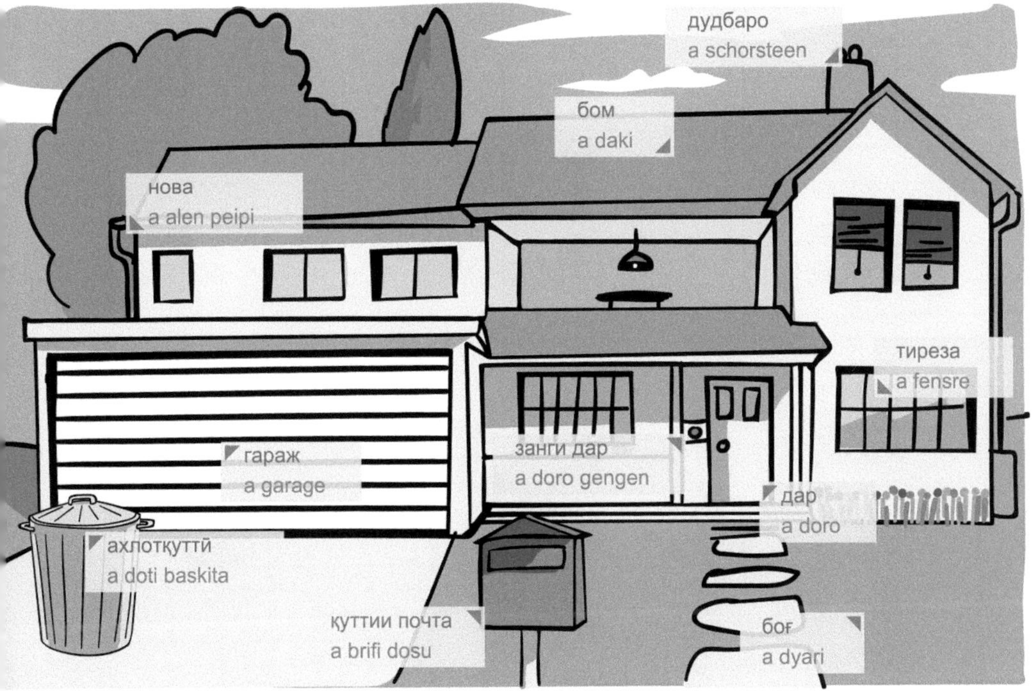

- дудбаро / a schorsteen
- бом / a daki
- нова / a alen peipi
- тиреза / a fensre
- гараж / a garage
- занги дар / a doro gengen
- дар / a doro
- ахлоткуттӣ / a doti baskita
- куттии почта / a brifi dosu
- боғ / a dyari

меҳмонхона
a foroisi

ҳамом
a was oso

ошхона
a botrali

хонаи хоб
a sribikamra

ҳуҷраи кӯдакона
a pikin kamra

ошхона
a nyanyan kamra

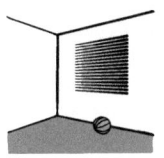

ошёна

a gron

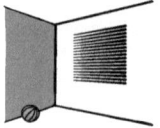

девор

a skotu

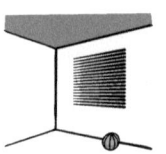

шифт

a plafon

тагзаминӣ

a kedre

сауна

a sauna

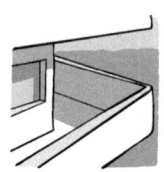

балкон

a barkon

суфача

a terras

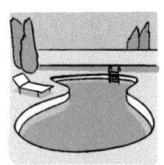

ҳавз

a swen presi

мошини алафдарав

a waimasyin

варақ

a sribikrosi

кампал

a sribikrosi

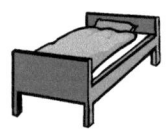

кат

a bedi

чорӯб

a sisibi

сатил

a embre

калид

a san fu leti faya

хона - a oso

мехмонхона
a foroisi

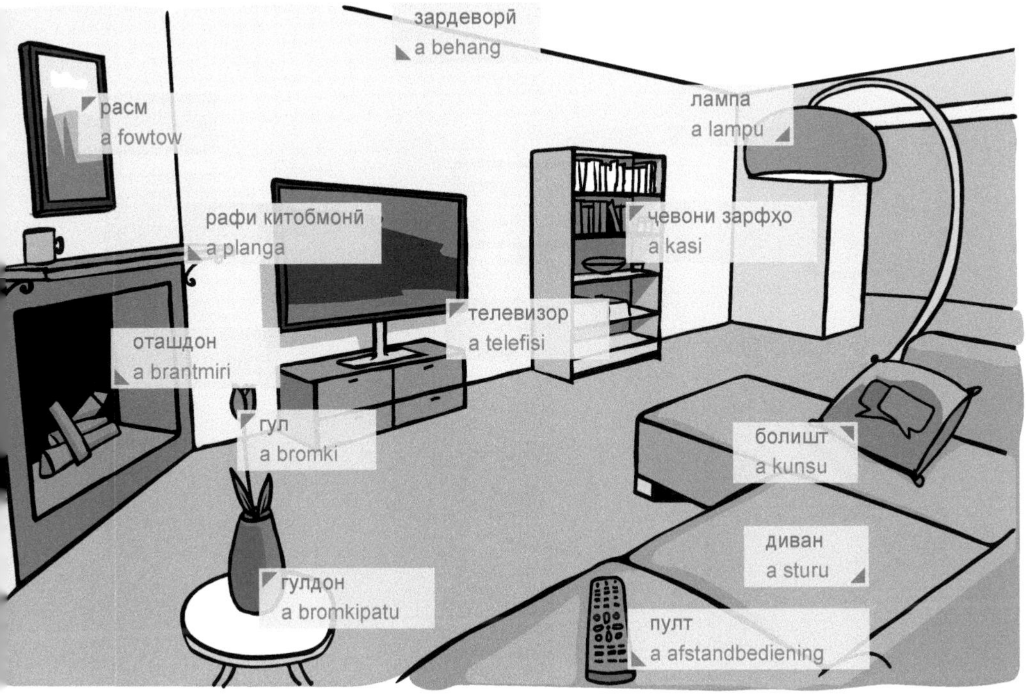

зардеворӣ
a behang

расм
a fowtow

лампа
a lampu

рафи китобмонӣ
a planga

чевони зарфҳо
a kasi

оташдон
a brantmiri

телевизор
a telefisi

гул
a bromki

болишт
a kunsu

гулдон
a bromkipatu

диван
a sturu

пулт
a afstandbediening

қолин
a matamata

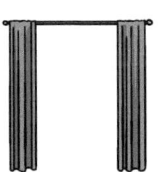

парда
a garden

мизи
a tafra

курсӣ
a sturu

rocking кафедраи
a boboisturu

курсӣ
a sturu

мехмонхона - a foroisi

китоб
a buku

курпа
a tapun

ороиш
a pranpran

ҳезум
a udu

филм
a kino

дастгоҳи hi-fi
a stereo-installatie

калид
a sroto

рӯзнома
a koranti

расм
a skedrei

эълон
a poster

радио
a konkrudosu

китобчаи қайдҳо
a skrifi buku

чангкашак
a stofsuiger

кактус
a kaktus

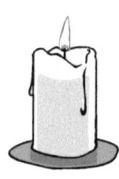

шам
a kandra

мехмонхона - a foroisi

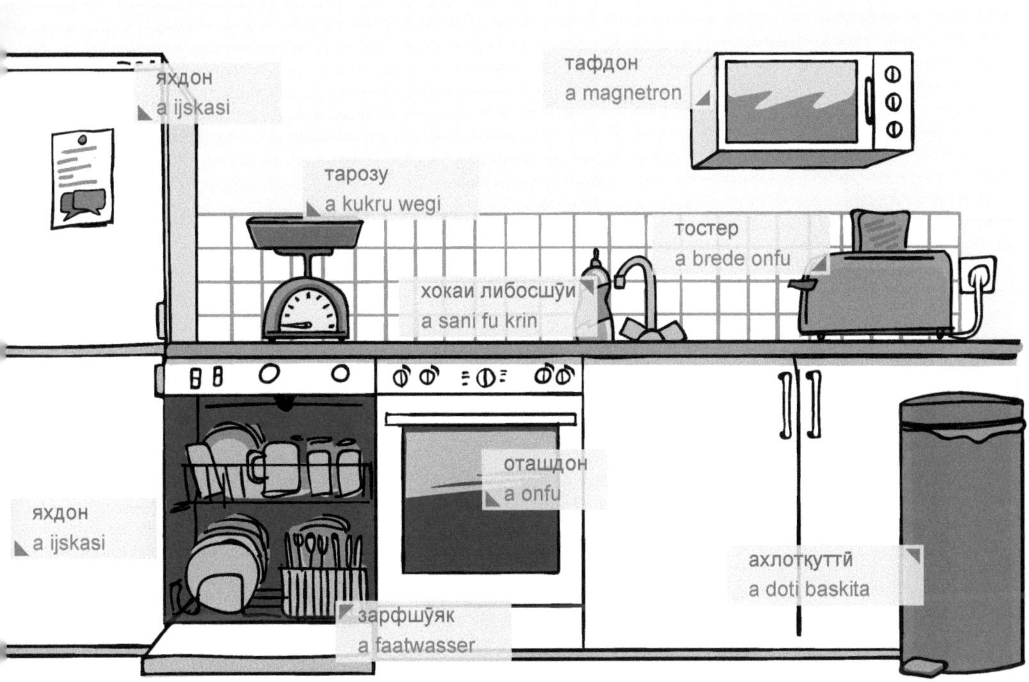

ошхона
a botrali

яхдон
▶ a ijskasi

тафдон
a magnetron

тарозу
a kukru wegi

хокаи либосшӯи
a sani fu krin

тостер
a brede onfu

оташдон
▶ a onfu

яхдон
▶ a ijskasi

ахлоткуттӣ
a doti baskita

зарфшӯяк
a faatwasser

плита

a onfu

тубак

a patu

дег

a isri patu

дег / кадӣ

a wok / kadai

тоба

a pan

чойник

a ketre

ошхона - a botrali   35

steamer
a dampupatu

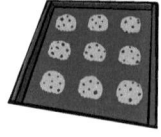

лист
a baka preti

зарф
den tafra-sani

кружка
a kan

коса
a koba

чубаки хурокхӯрӣ
den nyantiki

кафлези
a supu spun

кафлези ҳамвор
a spatel

whisk
a klutser

strainer
a fergiet

элак
a dorodoro

турбтарошак
a gritigriti

миномет
a mortier

Кабоб Кардан
a barbakoto

оташ кушод
a faya presi

ошхона - a botrali

тахтаи резакунӣ

a koti planga

чӯба

a blon lolo

пӯккашак

a korkutreki

банка

a tromu

консервокушояк

a knefi fu opo blik

дастак

a patu duku

дастшӯяк

a wasibaki

чӯтка

a bosro

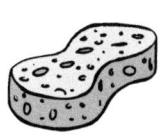

исфанҷ

a sponsu

блендер

a blender

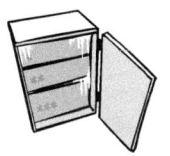

сармодон

a ijskasi

шишача

a beibi batra

ҷумак

a kran

ошхона - a botrali

ҳамом
a was oso

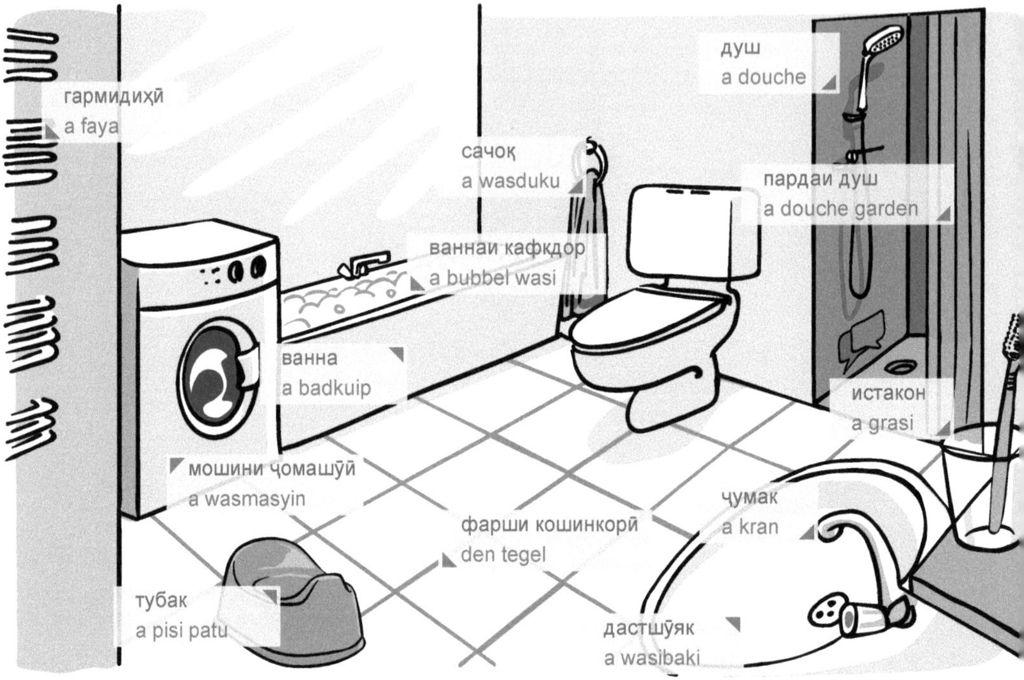

- гармидиҳӣ — a faya
- душ — a douche
- сачоқ — a wasduku
- пардаи душ — a douche garden
- ваннаи кафкдор — a bubbel wasi
- ванна — a badkuip
- истакон — a grasi
- мошини ҷомашӯй — a wasmasyin
- чумак — a kran
- фарши кошинкорӣ — den tegel
- тубак — a pisi patu
- дастшӯяк — a wasibaki

ҳоҷатхона

a kumakoisi

нишастгоҳи халоҷои рӯйфаршӣ

a kumakoisi

биде

a bidet

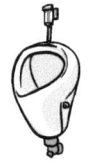

ҳоҷатхонаи мардона

a pisi presi

коғази ташноб

a kumakoisi papira

чӯткаи ҳоҷатхона

a kumakoisi bosro

дандоншӯяк

a tifi bosro

хамираи дандоншӯи

a tandpasta

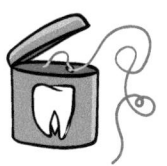

риштаи дандонтозакунӣ

a floss

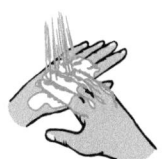

шӯстан

wasi

души дастӣ

a douche

обшӯй

a kumakoisi douche

ҳавза

a was koba

шона кардани мӯй

a baka bosro

собун

a sopo

гел барои душ

a douchegel

шампун

a sopo

бумазӣ

a was krosi

заҳкаш

a afvoer

крем

a krème

дезодорант

a okselstik

ҳамом - a was oso

оина

a spikri

оинаи дастӣ

a moimoi fu fesi spikri

риштарошаки барқи

a sebinefi

кафк барои риштарошӣ

a sebiskuma

оби мушкини баъди риштарошӣ

a aftershave

шона

a kankan

чӯтка

a bosro

мӯйхушкунак

a wiri drei masyin

лак барои мӯй

a wirispray

косметика

a moimoi fu fesi

лабсурхкунак

a lippenstift

лок барои нохун

a nangra ferfi

пахта

den katun

қайчии нохунгирӣ

a nangra sey

атриёт

a switi smeri

ҳамом - a was oso

ҷузвдони косметики

a tas gi krin sani

қазои ҳоҷат

a kroku

тарозу

a wegi

хилъат

a was dyaki

дастпӯшак резина

den handschoen fu krin

тампон

a tampon

дастмоли санитарӣ

a munduku

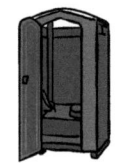

био-ҳоҷатхона

a kumakoisi

ҳамом - a was oso

ҳуҷраи кӯдакона

a pikin kamra

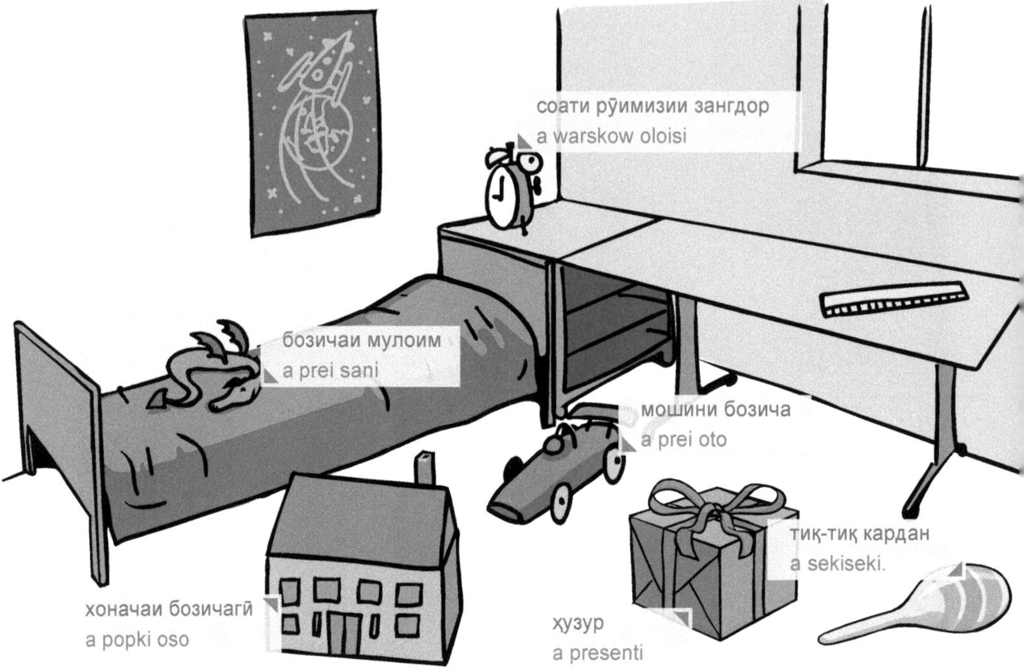

соати рӯимизии зангдор
a warskow oloisi
бозичаи мулоим
a prei sani
мошини бозича
a prei oto
тиқ-тиқ кардан
a sekiseki.
хоначаи бозичагӣ
a popki oso
ҳузур
a presenti

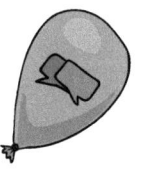

пуфак

a ballon

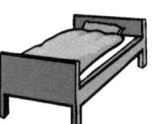

кат

a bedi

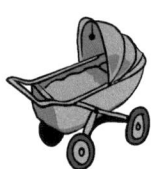

аробочаи кудакона

a beibiwagi

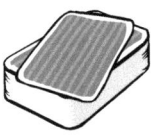

маҷмӯи кортҳо

a paki karta

бозии муамоёбӣ

a laytori

SUPER MEGA
комикс

a strip torie

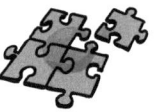

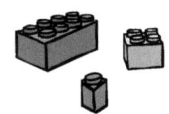

хиштҳои лего

den lego ston

мағозаи бозичафурӯхтан

den prei sani

рақам амал

a aktiefiguurtje

либоси ғаваккашӣ

a beibikrosi

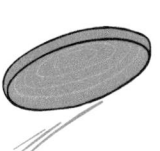

фрисби

a frisbee

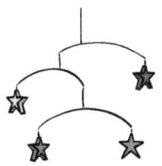

мобилӣ

a mobile

лавҳачаи бозӣ

a prei tapu bord

кубик

a prei ston

маҷмӯи модели қатора

a prei sani loko

пистонак

a bobimofo

ҳизб

a fesa

китоби расм

a prenki buku

тӯб

a bal

лӯхтак

a popki

бози кардан

prei

ҳуҷраи кӯдакона - a pikin kamra

қуттии рег
a santi baki

арғунчак
a boboisturu

бозича
den preisani

консоли бозиҳои видеой
a prei komputer

велосипеди сечарха
a baysigri

хирсаки бахмалии патдор
a prei sani

чевон
a krosikasi

либос
a krosi

чуроб
den kowsu

чуроби соқбаланд
den kowsu

колготки
a kowsu

либос - a krosi

бадан
a skin

шим
a bruku

чинс
a jeansbruku

юбка
a koto

куртаи нимтаи занона
a blus

курта
a empi

свитер
a empi

свитер
a dyaki

пичак
a djakti

нимтана
a dyakti

палто
a alendyakti

плаш
a alendyakti

костюм
a paki

куртаи занона
a yapon

либос тӯйи
a trowyapon

костюм
a paki

куртаи хоб
a sribikrosi

пижама
a sribikrosi

Сари
a sari

рӯймол
a angisa

салла
a tulband

никобу
a burka

кафтан
a kaftan

абая
a abaya

либоси обозӣ
a swenkrosi

эзорчаи шиноварии мардона
a swenbruku

шорти
a syatu bruku

либоси варзишӣ
a training paki

пешбанд
a feskoki

дастпӯшак
a handschoen

либос - a krosi

тугма

a knopo

айнак

a aygrasi

дастпона

a anubuy

гарданбанд

a keti

ангуштарин

a linga

гӯшвора

a yesilinga

кулоҳ

a ati

либосовезак

a krosi anga

кулоҳ

a ati

галстук

a tay

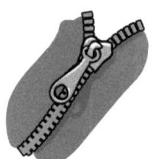

занҷирак

a rits

тоскулоҳ

a feti musu

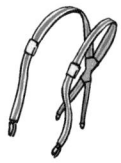

шимбардор

a bretel

либоси мактабӣ

a sem skoro krosi

либоси

a sem krosi

пешгир
a slabbetje

пистонак
a bobimofo

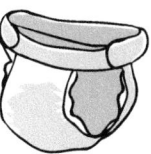
подгузник
a pisiduku

идора
a kantoro

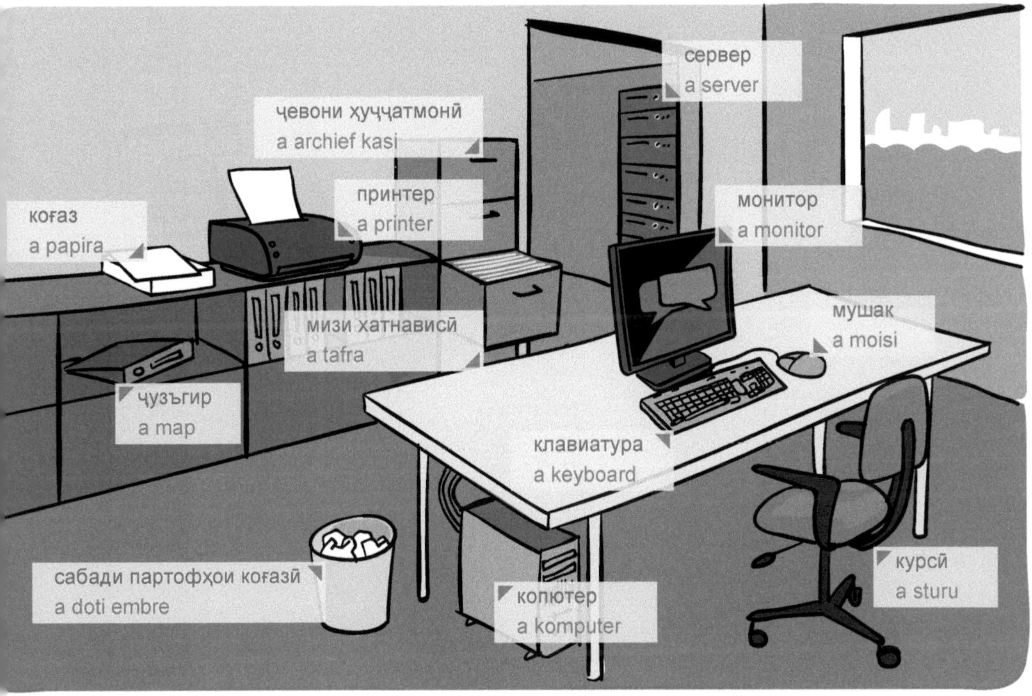

сервер
a server

чевони ҳуччатмонӣ
a archief kasi

принтер
a printer

монитор
a monitor

коғаз
a papira

мизи хатнависӣ
a tafra

мушак
a moisi

ҷузъгир
a map

клавиатура
a keyboard

сабади партофҳои коғазӣ
a doti embre

колютер
a komputer

курсӣ
a sturu

кружкаи қаҳванӯшӣ
a kofi kan

калкулятор
a kalkulator

интернет
a internet

ноутбук

a laptop

мактуб

a brifi

хабар

a boskopu

телефони мобилӣ

a konkrutitei

шабака

a neti

нусхабардор

a kopi masyin

нармафзор

a software

телефон

a konkrutitei

розетка

a stopkontakt

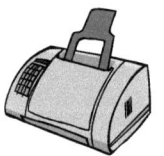

факс

a fax masyin

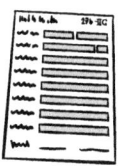

шакл

a formulier

ҳуҷҷат

a papira

идора - a kantoro

иқтисодиёт
a ekonomia

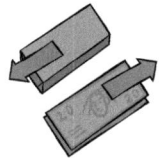

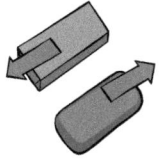

харидан | пардохт | савдо
bai | pai | du

пул | доллар | евро
a moni | a dollar | a euro

йен | рубл | франки швейцариягӣ
a yen | a rubel | a frank

юан | рупӣ | нуқтаи нақд
a renminbi yuan | a rupie | a monimasyin

нуқтаи мубодилаи асъор
a kenki kantoro

тилло
a gowtu

нуқра
a solfru

равғани растанӣ
a oli

энерги
a krakti

нарх
a prijs

шартнома
a kontrakti

андоз
a lantimoni

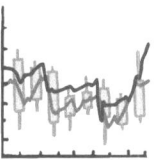
саҳмия
a pisi

кор
wroko

хизматчӣ
a wrokoman

соҳибкор
a wrokobasi

завод
a fabrik

сехи
a wenkri

иқтисодиёт - a ekonomia

касбҳо
den kari

корманди полис
a skowtu

сӯхторхомушкун
a brandweerman

ошпаз
a boriman

духтур
a datra

халабон
a piloot

боғбон
a djariman

чӯбтарош
a temreman

дӯзанда
a modist

судя
a krutubasi

кимиёшинос
a scheikunde sma

актер
a akteur

ронандаи автобус
a bus sjafeur

таксист
a taximan

моҳигир
a fisiman

фаррошзан
a krinsma

устои бомпӯш
a dakitapu man

пешхизмат
a diniman

шикорчӣ
a ontiman

расом
a ferfiman

нонвой
a bakriman

барқ
a elektrikman

сохтмончӣ
a bow-wroko man

инженер
a ensjinoru

қассоб
a sraktiman

устои шабакаи об
a loodgieter

хаткашон
a postbode

касбҳо - den kari

 сарбоз a srudati	 меъмор a architekt	 кассир a kasman
 гулфурӯш a bromkisma	 сартарош a seti sma wiri man	 кондуктор a kondukteur
 механик a monteur	 капатан a kapten	 духтури дандон a tifidatra
 олим a sabiman	 хохом a Dyu domri	 имом a Moslim domri
 шайх a moniki	 саркоҳин a priester	

касбҳо - den kari

асбобҳо
a wrokosani

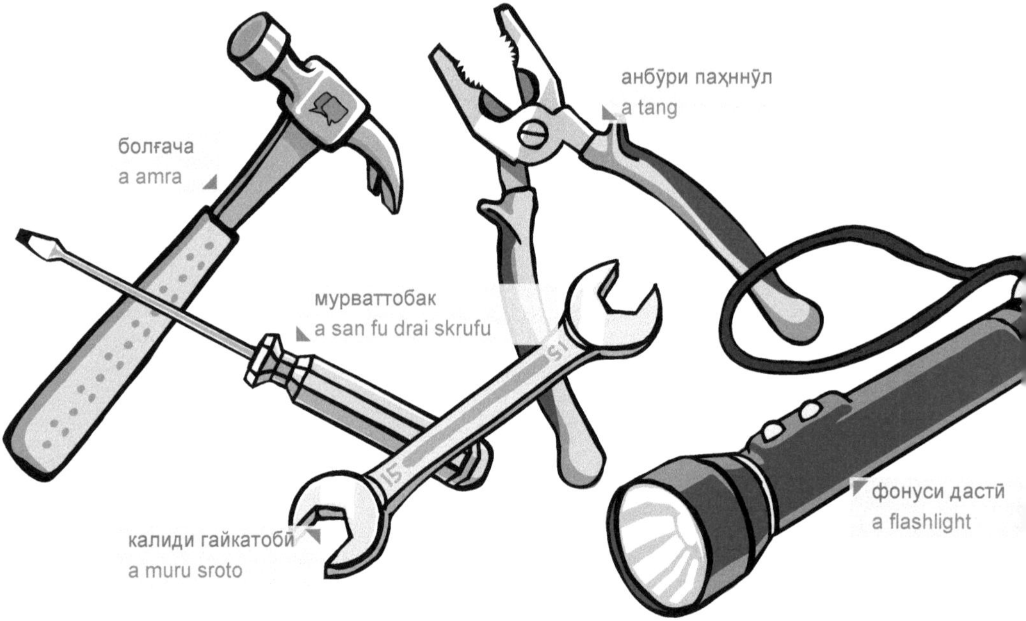

болғача
a amra

анбӯри паҳннӯл
a tang

мурваттобак
a san fu drai skrufu

фонуси дастӣ
a flashlight

калиди гайкатобӣ
a muru sroto

экскаватор
a dikimasyin

қутии асбобҳо
a wrokosani kisi

зинапоя
a trapu

арра
a sa

мехҳо
den spikri

пармаи электрикӣ
a boro

таъмир
meki

бел
a skepi

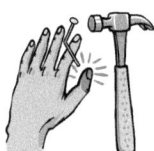
Сабил монад!
Baya!

белчаи хокрӯбагирӣ
a stofblik

сатили ранг
a ferfi patu

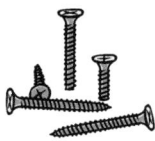
мехи печдор
den skrufu

асбобҳои мусиқӣ
den poku sani

динамик
a boskopu barbari sani

асбоби нақоразанӣ
a dronstel

контрабас
a kontra bas

карнай
a tronpèti

гитара
a gitara

пианино
a piano

ғиччак
a finyoro

бас-гитара
a bas

нақораи поядор
a pauk

нақора
a dron

клавиатура
a keyboard

саксофон
a saxofon

най
a froiti

баландгӯяд
a mikrofon

асбобҳои мусиқӣ - den poku sani

боғи ҳайвонот
a meti dyari

паланг
a tigri

даромад
a mofodoro

қафас
a pen

гӯрхар
a sabanaburiki

хӯроки чорво
a meti nyan

панда
a panda

ҳайвонот

den meti

фил

a asaw

кенгуру

a kangeru

каркадан

a neushoorn

горилла

a gorilla

хирси бӯр

a beer

шутур

a kameri

шутурмурғ

a stroisifowru

шер

a lew

маймун

a monki

бутимор

a korikori

тӯти

a popokai

хирси сафед

a ijsbeer

пингвин

a pinguïn

наҳанг

a sarki

товус

a prodokaka

мор

a sneki

тимсоҳ

a kaiman

посбон

a sma san e sorgu meti

сил

a sedagu

ягуар

a penitigri

боғи ҳайвонот - a meti dyari

аспи кӯтоҳқад
a pikin asi

леопард
a penitigri

баҳмут
a watrabofru

заррофа
a giraf

уқоб
a aka

хуки ваҳшӣ
a werder agu

моҳӣ
a fisi

сангпушт
a sekrepatu

морж
a walrus

рӯбоҳ
a sabanadagu

ғизол/оҳу
a dia

боғи ҳайвонот - a meti dyari

варзиш
a sport

фаъолият
den aktifiteit

паридан / jompo

оғӯш гирифтан / brasa

ханда / lafu

пиёда рафтан / waka

шеър хондан / singi

ибодат кардан / begi

бӯса кардан / bosi

орзӯ кардан / dren

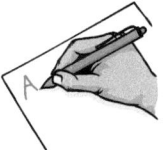

навиштан

skrifi

кашидан

hari

нишон додан

sori

тела додан

pusu

додан

gi

гирифтан

teki

фаъолият - den aktifiteit

доранд
abi

кор
dati

бошад
de

истодан
tnapu

давидан
lon

кашидан
hari

партофтан
trowe

афтидан
fadon

дароз кашидан
lei

интизор шудан
wakti

бардошта бурдан
tyari

нишастан
sidon

либос пӯшидан
weri

хобин
sribi

бедор шудан
wiki

фаъолият - den aktifiteit

нигоҳ кардан

luku

гиря кардан

krei

сила кардан

korikori

шона

kan

гап задан

taki

фаҳмидан

ferstan

пурсидан

aksi

гӯш кардан

arki

нӯштдан

dringi

хӯрдан

nyanyan

ғундоштан

krin

ишқ

lobi

ошпаз

bori

рондан

rei

парвоз кардан

frei

фаъолият - den aktifiteit

бо бодбон ҳаракат кардан
seiri

ҳисоб кардан
teri

хондан
lesi

омӯхтан
leri

кор
wroko

оиладор шудан
trow

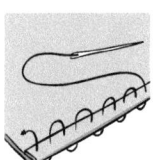
дӯхтан
nai

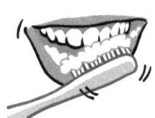
дадон шӯстан
krintifi

куштан
kiri

дуд
smoko

фиристодан
seni

фаъолият - den aktifiteit

оила
a famiri

биби / a granmama

бобо / a granpapa

падар / a papa

модар / a mama

кӯдак / a beibi

хоҳар / a umapikin

писар / a manpikin

меҳмон

a fisiti

хола

a tanta

амак

a omu

бародар

a brada

хоҳар

a sisa

бадан
a skin

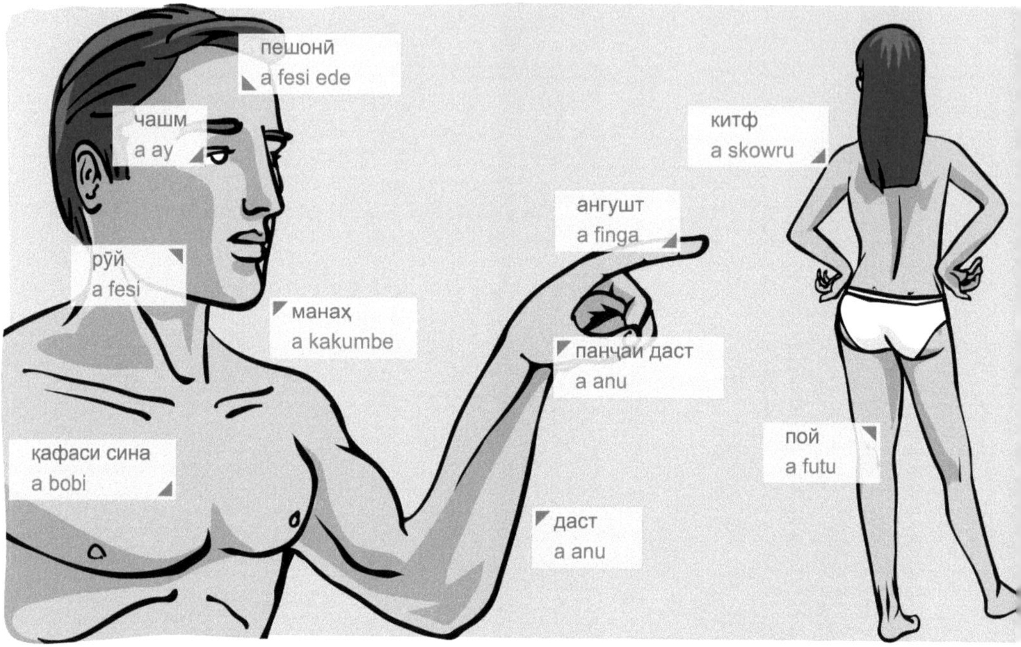

пешонӣ — a fesi ede
чашм — a ay
рӯй — a fesi
манаҳ — a kakumbe
қафаси сина — a bobi
китф — a skowru
ангушт — a finga
панҷаи даст — a anu
пой — a futu
даст — a anu

кӯдак
a beibi

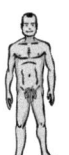

мард
a man

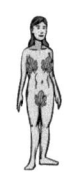

зан
a uma

духтар
a uma pikin

писар
a boi

сар
a ede

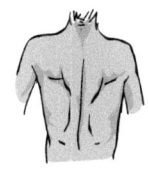

пушт
a baka

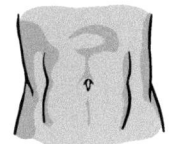

шикам
a bere

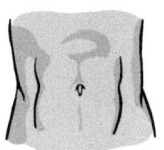

ноф
a kumba

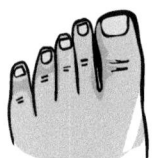

ангушти пой
a futufinga

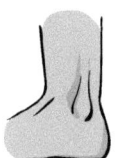

пошнаи пой
a bakafutu

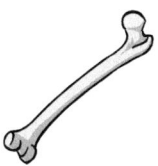

устухон
a bonyo

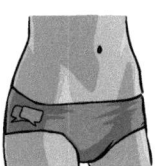

рон
a djonku

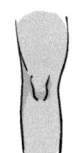

зону
a kindi

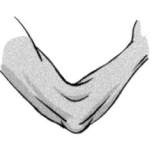

оринҷ
a baka anu

бинӣ
a noso

таг
a bakasei

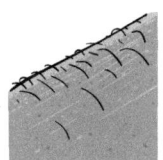

пӯст
a skin

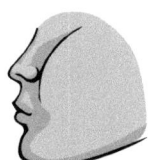

рухсора
a seifesi

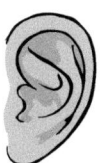

гӯш
a yesi

лаб
den mofobuba

бадан - a skin

 даҳон a mofo	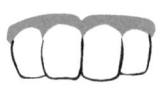 дадон a tifi	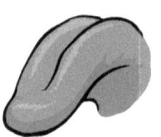 забон a tongo
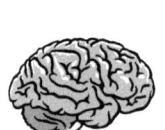 майнаи сар a ede tonton	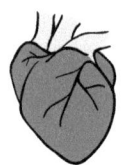 дил a ati	 мушак a titei
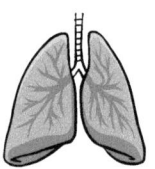 шуш a fokofoko	 ҷигар a lefre	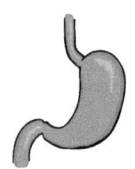 меъда a bere
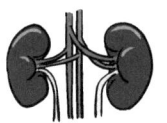 гурдаҳо den niri	 алоқаи ҷинсӣ a freiri	 рифола a pipikowsu
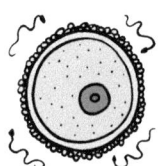 тухмҳуҷайра a eksi	 нутфа a siri	 ҳомиладорӣ a bere

бадан - a skin

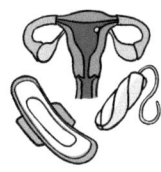
ҳайз
a munsiki

маҳбал
a umapresi

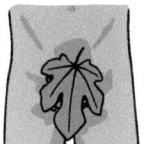
кер
a toli

абрӯ
a tapu-ay-wiwiri

мӯй
a wiwiri

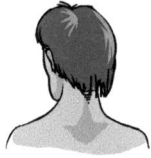
гардан
a neki

бемористон
a ati oso

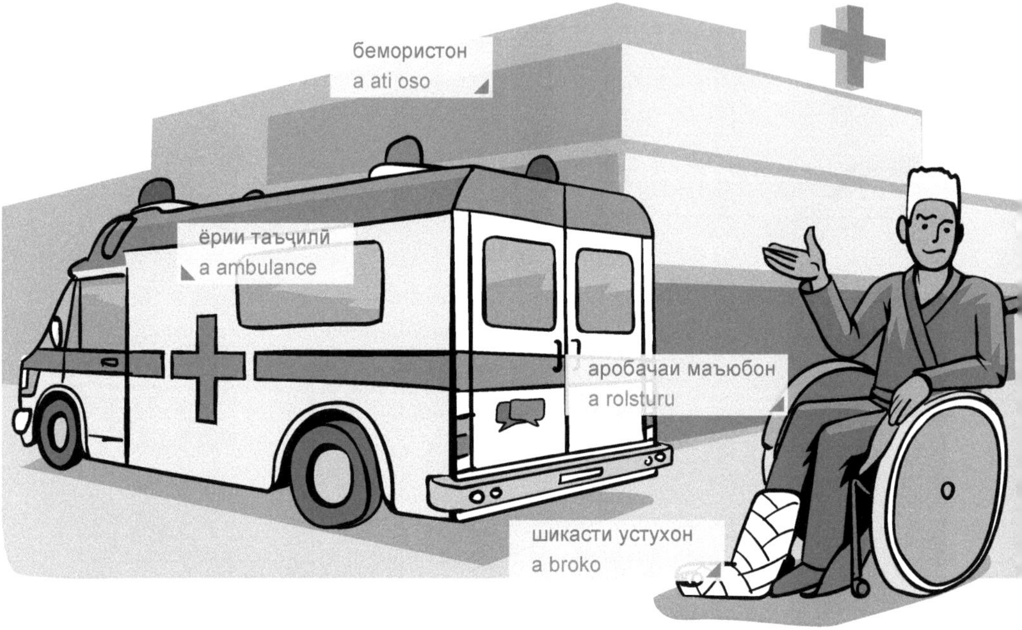

бемористон
a ati oso

ёрии таъҷилӣ
a ambulance

аробачаи маъюбон
a rolsturu

шикасти устухон
a broko

духтур

a datra

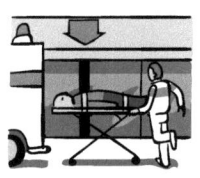

ҳуҷраи ёрии фаврӣ

a EHBO

ҳамшираи тиббӣ

a suster

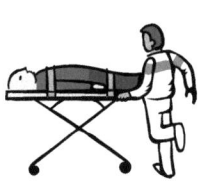

ҳолати фавкулодда

a nowtu

беҳуш

flaw

дард

a pen

 ҷароҳат a soro	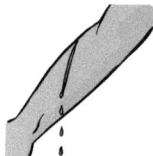 хунравӣ a brudu	 дилзанак a ati siki
 сактаи майна a bururtu	 аллергия a trefu	 сулфа koso
 табларза a kortsu	 грипп a griep	 шикамравӣ a lusu bere
 сардард a ede-ati	 саратон a takrusiki	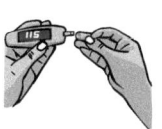 диабет a sukru
 ҷарроҳ a chirurg	 скалпел a skalpel	 ҷарроҳӣ a operâsi

бемористон - a ati oso

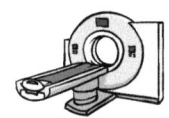
Томографияи компютерӣ
a CT

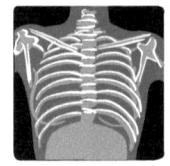
шӯъои ренгенӣ
a röntgen

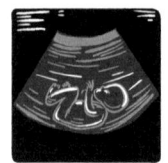
ултрасадо
a echo

ниқоби рӯй
a fesi maskradu

беморӣ
a siki

ҳуҷраи интизорӣ
a wakti kamra

асобағал
a kroku

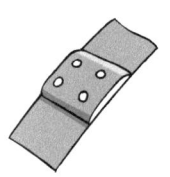
марҳам
a duku

дока
a duku

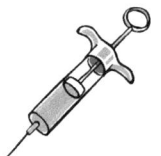
сӯзандору
a spoiti

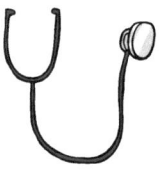
стетоскоп
a stethoskoop

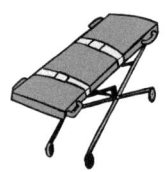
занбар
a brandkard

ҳароратсанҷ
a temperatuur marki

таваллуд
a gebore

вазни зиёдатӣ
a fatu

таҷҳизоти шунавой
a masyin fu yere

моддаи безараргардонӣ
a sani fu krin

инфексия
a dyomposiki

вирус
a firus

ВИЧ / СПИД
a HIV / AIDS

дору
a dresi

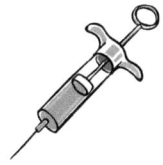
ваксинатсия
a faksinasi

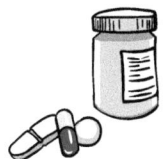
ҳабҳо
den perki

ҳаб
a perki

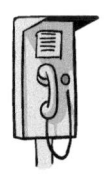
занги изтирорӣ
a nowtu nomru

монитори фишори хун
a brudu marki

бемор/солим
siki / gesontu

ҳолати фавқулодда
a nowtu

Кумак!
Yepi!

хушдор
a warskow

ҳучум
a feti

ҳамла
a feti

хатар
a ogri

баромадгоҳи таҳлиявӣ
a nowtu doro

Сӯхтор!
Faya!

оташнишон
a fayakiri sani

садама
a mankeri

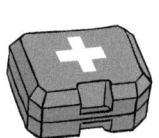
дорукуттӣ
a EHBO-kofru

бонги хатар
SOS

полис
a skowtu

замин
a grontapu

Аврупо

Bakrakondre

Америкаи Шимолӣ

Opo-Amerkan

Америкаи Ҷанубӣ

Suid-Amerkan

Африка

Afrika

Осиё

Asi

Австралия

Australia

Уқёнуси Атлантик

a Atlantis Se

Уқёнуси Ором

a Tan tiri Se

Уқёнуси Ҳинд

a Indisch Se

Уқёнуси Антарктика

a Suidsei Se

Уқёнуси Арктика

a Noordsei Se

Қутби шимол

a Noordsei

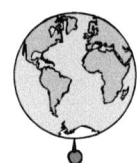

Қутби ҷануб

a Suidsei

Антарктика

Antartika

замин

a grontapu

замин

a kondre

баҳр

a se

ҷазира

a eilanti

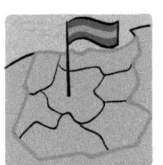

миллат

a nâsi

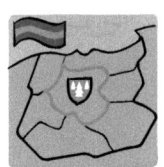

давлат

a lanti

вақт
oloisi

сиферблат

a oloisi fesi

ақрабаки соат

a yuru sori

ақрабаки дақиқашумор

a miniti sori

ақрабаки сонияшумор

a sekonde sori

Соат чанд?

O lati a de?

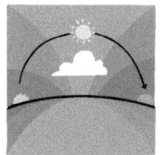

рӯз

a dey

замон

a ten

ҳозир

now

соати электронӣ

a oloisi

лаҳза

a miniti

соат

a yuru

ҳафта
a wiki

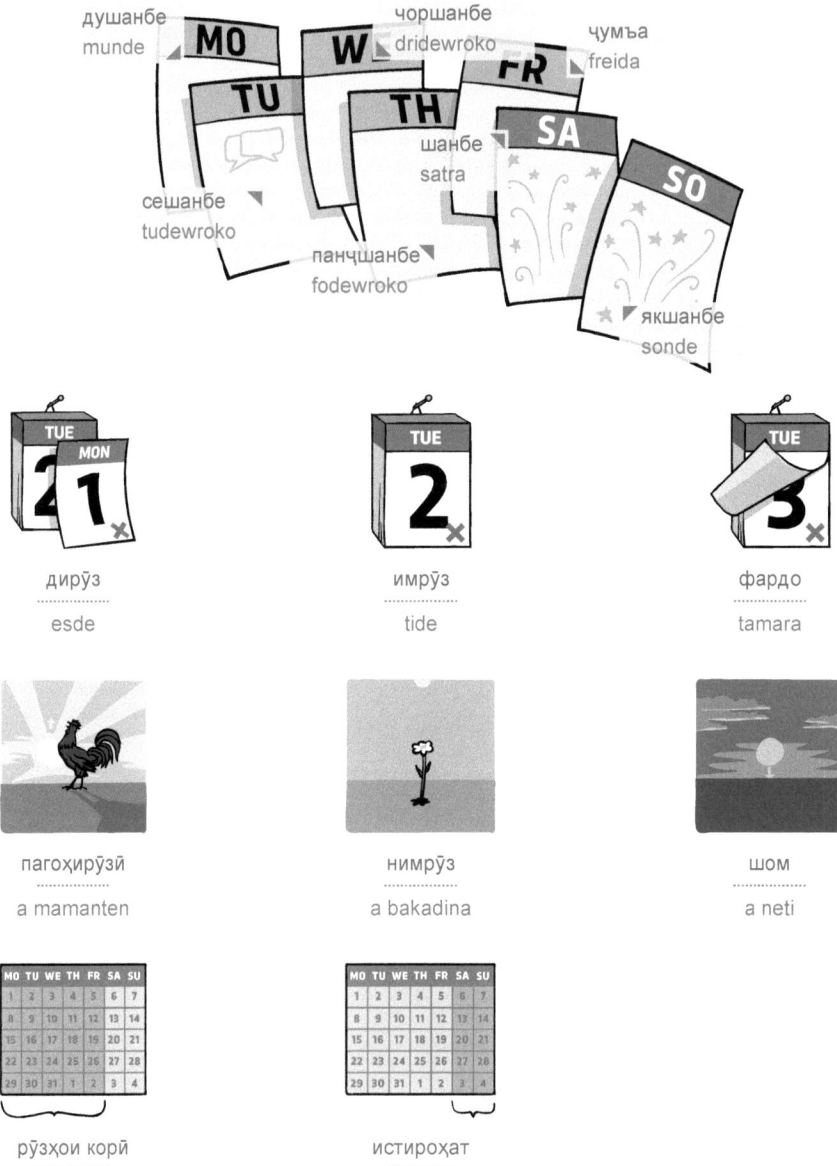

душанбе — munde
чоршанбе — dridewroko
ҷумъа — freida
сешанбе — tudewroko
панҷшанбе — fodewroko
шанбе — satra
якшанбе — sonde

дирӯз — esde
имрӯз — tide
фардо — tamara

пагоҳирӯзӣ — a mamanten
нимрӯз — a bakadina
шом — a neti

рӯзҳои корӣ — den wrokodei
истироҳат — a weekend

сол

a yari

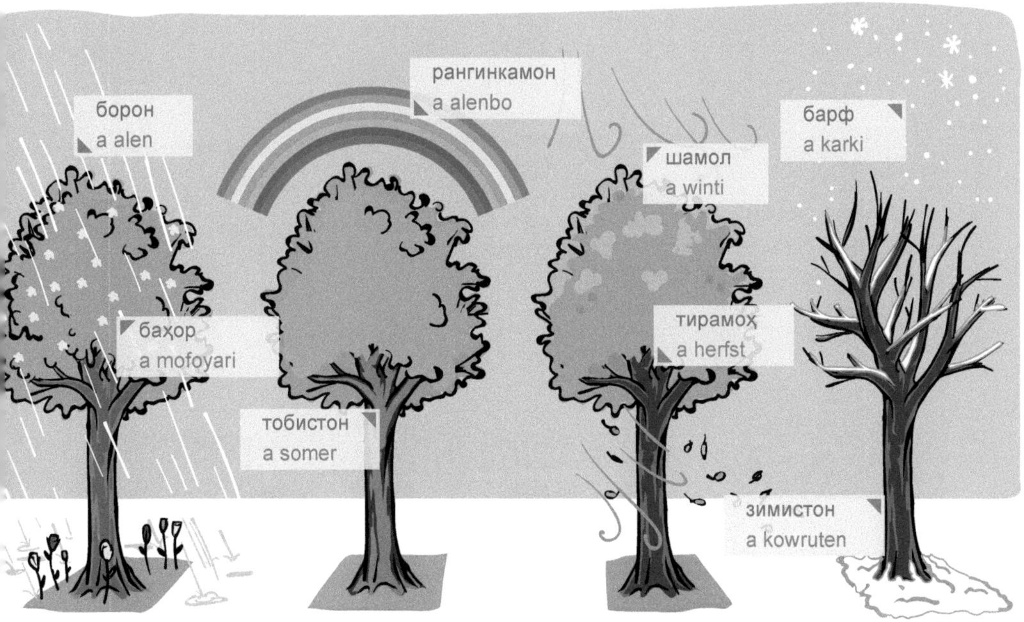

рангинкамон
a alenbo
борон
a alen
барф
a karki
шамол
a winti
баҳор
a mofoyari
тирамоҳ
a herfst
тобистон
a somer
зимистон
a kowruten

4.APRIL 11°
5.APRIL 4°
6.APRIL 13°
7.APRIL 8°
8.APRIL 10°

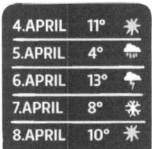

Обу ҳаво

a taki fu a weer

F C
120 40
90 30
60 20
30 10
0 0
-30 -10
-20

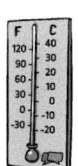

ҳароратсанҷ

a thermometer

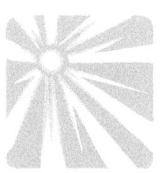

равшании офтоб

a skèin fu a son

абр

a wolku

туман

a dow

намнок

a loktu foktu

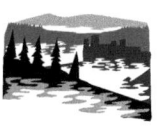

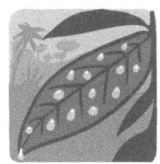

барқ

a faya

тундар

a dondru

тӯфон

a sekiwatra

жола

a agra

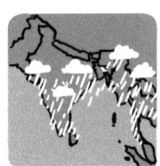

муссон

a bigi skwala

обхезӣ

a frudu

ях

a èisi

январ

januari

феврал

februari

март

maart

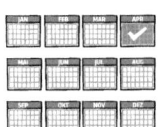

апрел

april

май

mei

июн

juni

июл

juli

август

augustus

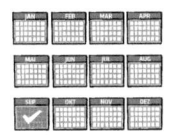
сентябр
september

октябр
oktober

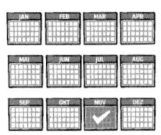
ноябр
nofember

декабр
december

баст
den form

давра
a lontu

мураббаъ
a fokanti

росткунья
a fokanti naga langa sei

секунья
a dri-uku

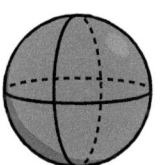
соњаи
a lontu

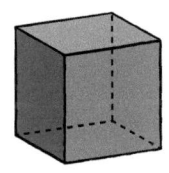
мукааб
a kubus

рангҳо
kloru

гулобӣ

witi

хокистаранг

geri

зард

alanya

бунафшранг

ròs

сурх

redi

қаҳваранг

lila

кабуд

blaw

сиёҳ

grun

кабуд

broin

сафед

grei

сабз

blaka

мухолифат
difrenti

бисёр/кам
tumsi / wanwan

хашмгин / ором
atibron / tiri

зебо/безеб
moi / takru

оғози / охири
begin / kba

калон/хурд
bigi / ptyin

дурахшон / торик
lekti / dungru

бародари / хоҳар
brada / sisa

тоза/чиркин
krin / doti

пурра / нопурра
krinkrin / no bun nofo

рӯзи / шаб
dei / neti

мурдагон / зинда
dede / libi

кушод/танг
bradi / smara

хӯрданӣ /
хӯрданашаванда
kan nyan / no kan nyan

бад/нек

takru / bun

ба ҳаяҷон / дилгир

prisiri / ferferi

ғавс/борик

fatu / fini

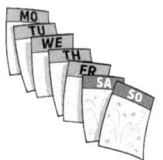

якум/охирин

fosi / lasti

Дӯсти / душмани

mati / feyanti

пур/холӣ

furu / leigi

сахт/мулоим

tranga / safu

вазнин/сабук

hebi / lekti

гуруснагӣ / ташнагӣ

angri / dreineki

бемор/солим

siki / gesontu

ғайриқонунӣ / хуқуқӣ

no gi pasi / tru

соҳибақл / беақл

koni / don

рост/чап

kruktu / leti

наздик/дур

gi / fara

мухолифат - difrenti

нави / истифода бурда мешавад
nyun / owru

ҳеҷ / чизе
noti / wan sani

пир/ҷавон
owru / jongu

оид / хомӯш
leti / tapu

кушода/пӯшида
oro / tapu

паст/баланд
safu / tranga

бой/камбағал
gudu / poti

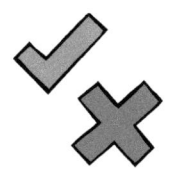

дуруст/нодуруст
bun / fowtu

дурушт/ҳамвор
grofu / grati

ғамгин/хушбахт
sari / breiti

кӯтоҳ/дароз
shatu / langa

оҳиста/тез
loli / esi esi

тар/хушк
nati / drei

гарм / сард
warang / kowru

ҷанг / сулҳ
feti / freide

мухолифат - difrenti

ададҳо
den nomru

0 нол / noti

1 як / wan

2 ду / tu

3 се / dri

4 чор / fo

5 панҷ / feifi

6 шаш / siksi

7 ҳафт / seibi

8 ҳашт / aiti

9 нӯҳ / neigi

10 даҳ / tin

11 ёздаҳ / erfu

12
дувоздаҳ
twarfu

13
сенздаҳ
tin-na-dri

14
чордаҳ
tin-na-fo

15
понздаҳ
tin-na-feifi

16
шонздаҳ
tin-na-siksi

17
ҳабдаҳ
tin-na-seibi

18
ҳаждаҳ
tin-na-aiti

19
нуздаҳ
tin-na-neigi

20
бист
twenti

100
сад
hondru

1.000
ҳазор
dusun

1.000.000
миллион
milyun

ададҳо - den nomru

забонҳо
den tongo

англисӣ
Ingristongo

англисии амрикой
Amerkan Ingristongo

мандарини хитой
Sneisi Mandarijntongo

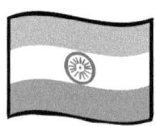
ҳиндӣ
Hinditongo

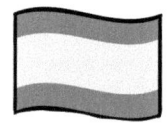
испанӣ
Spanyoro

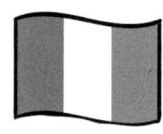
фаронсавӣ
Frans

арабӣ
Arabiatongo

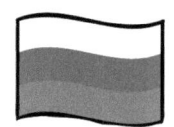
русӣ
Rusitongo

португалӣ
Potogisi

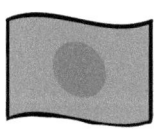
бенгалӣ
Bengalitongo

олмонӣ
Doisritongo

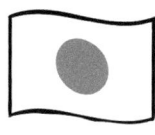
ҷопонӣ
Japantongo

ки / чиро / тавр
suma / sang / fa

ман
mi

шумо
yu

Ў / вай / он
en / en / en

мо
unu

шумо
yu

онҳо
den

ки?
suma?

чӣ?
san?

Чӣ хел?
fa?

дар куҷо?
pe?

кай?
oten?

ном
a nen

дар кучо
pe

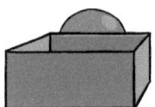

аз паси

baka

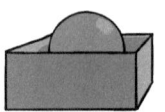

дар

ini

дар пеши

fesi

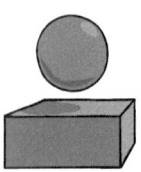

дар болои

abra

дар рӯи

tapu

дар зери

ondro

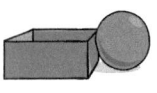

дар назди

na sei

миёни

mindri

ҷой

presi